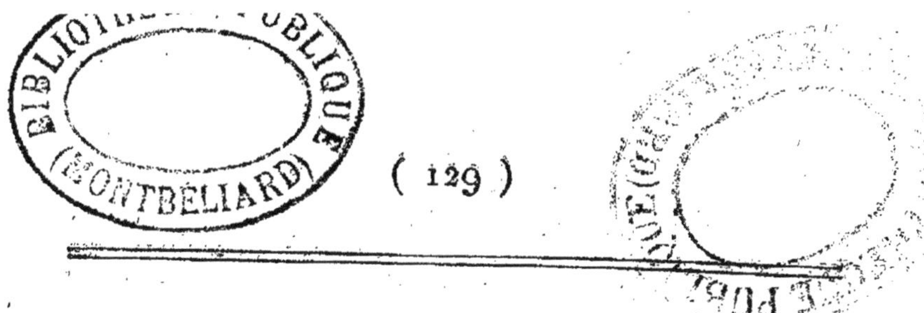

VOYAGE EN WESTPHALIE;

Par M. Depping.

LA Westphalie, surtout cette partie qu'arrosent le Weser et l'Ems, semble avoir été vouée, dans tous les temps, à un injuste oubli. Il est vrai que ce pays est loin de pouvoir rivaliser avec les autres contrées de l'Allemagne, pour la fertilité du sol, la beauté des sites, l'aménité du climat et la civilisation des habitans; et l'on peut même dire que la nature semble avoir été moins généreuse envers cette partie qu'envers tant d'autres pays sur lesquels elle a répandu ses bienfaits pour ainsi dire à pleines mains. C'est sans doute la raison pour laquelle les voyageurs s'empressent peu de visiter cette contrée, qui leur offre d'ailleurs si peu de commodités et d'agrémens : qui ne connoît, du moins par ouï-dire, les mauvais chemins et les auberges plus mauvaises encore de la partie de la Westphalie dont je parle ? Et cependant, malgré toutes ces considérations, il n'y a peut-être pas dans toute l'Allemagne un pays qui mérite plus d'être visité que celui-ci. Je m'explique, pour ne pas encourir le reproche d'exagération. Ce n'est point par les beautés naturelles qu'il peut le disputer aux autres contrées, quoique, sous ce rapport, la Westphalie offre encore des objets très-remarquables à la curiosité du voyageur, comme on le verra dans le cours de ce récit ; mais elle a pour elle les souvenirs historiques, ayant été le théâtre des hauts faits des plus grands peuples : c'est là que les Romains combattirent pour leur gloire, et les Germains pour leur indépendance ; c'est là que Charlemagne, sous le voile de la religion, porta le glaive du conquérant ; c'est là enfin que les braves Saxons opposèrent une résistance opiniâtre, mais juste, à leur oppresseur. Les noms de Drusus, Germanicus, Varus, Arminius, Wittekind et Charlemagne, inspirent un vif intérêt pour ce pays ; et presque chaque ville, chaque lieu est un monument qui rappelle un fait mémorable ; enfin ce n'est que sur les bords du Weser et de l'Ems que l'on peut étudier avec fruit une des époques les plus intéressantes de l'histoire ancienne.

Aussi depuis long-temps j'avois le désir d'examiner cette contrée mémorable ; il me tardoit de voir le lieu où l'orgueil des Romains avoit trouvé un écueil funeste : je brûlois de me promener sur les champs de bataille immortalisés par la défaite de Varus et par le carnage des malheureux Saxons, et de me reposer sur les débris qui, semblables aux ruines de la Grèce, sont devenus sacrés par leur antiquité. Enfin, étant à Cassel, il y a quelques années, j'eus l'occasion de satisfaire ce vif désir, et je me hâtai de la saisir. De retour de cet intéressant voyage, je me plus à retracer les souvenirs de tout ce qui avoit frappé mon imagination ; je trouvai encore du plaisir à parcourir en idée les lieux que j'avois vus avec tant d'intérêt. J'ai retouché depuis peu ce petit voyage, et je serois flatté que le lecteur pût le lire avec autant de plaisir que j'en ai eu à l'écrire.

En partant de Cassel, mon intention étoit de descendre d'abord la rive gauche du Weser, de m'arrêter dans les lieux remarquables par des événemens historiques, et de voir auprès de Minden le fameux phénomène naturel connu sous le nom de *Porte de Westphalie ;* de me détourner ensuite de la grande route, afin de visiter quelques endroits des anciens évêchés de Paderborn, Munster et Osnabruck, et de retourner par la Hollande en France.

Fidèle à ce plan, je quittai Cassel et je dirigeai ma course vers la ville d'Herstel, située sur le Weser, dans l'ancien évêché de Paderborn. Je dois avertir tous ceux qui désirent voyager dans ce pays avec utilité, qu'il existe un ouvrage excellent, contenant la description historique de tous les lieux fameux dans l'histoire ; il est intitulé *Monumenta Paderbornensia*, et a été fait avec beaucoup d'érudition par un évêque de Paderborn, de la famille de Furstenberg ; mais le plan en est mauvais, et les dernières éditions ont été surchargées d'une foule de choses inutiles, qui en rendent la lecture quelquefois ennuyeuse : le format en est aussi incommode. Du reste, je me sais très-bon gré de m'être muni d'avance de ce guide vraiment précieux pour mon excursion, parce qu'il m'a fourni des éclaircissemens sur mes doutes, et qu'il a réveillé mon attention sur des choses qui, sans cela, me seroient échappées.

J'arrivai le même jour à Herstel, petite ville qui doit son origne à Charlemagne. Cet empereur, dans une de ses fréquentes expéditions contre les Saxons, y forma un camp, et ce camp est devenu une ville. Il y passa l'hiver de 793, et y fit venir ses deux fils, Pepin et Louis, dont il envoya l'un en Italie, et l'autre en Espagne. Ce fut aussi là qu'il reçut les députés des Huns et l'ambassadeur du roi d'Asturie et de Gallicie ; cet ambassadeur, disent les historiens, se nommoit *Froya*, et apportoit un présent consistant en un papillon d'une rare beauté. Un papillon apporté à Charlemagne dans un camp de Westphalie ! En vérité, si tous les biographes de Charles n'étoient pas d'accord sur ce présent singulier, on auroit de la peine à y croire. Ce qu'il y a de plus plaisant, c'est que l'un d'eux a transformé le nom de l'ambassadeur *Froya* en *Flora*. L'expédition pour laquelle Charlemagne partit de cette ville ne fut que trop heureuse; il battit les Saxons entre l'Elbe et le Weser, en tua 4000, et força les autres à demander la paix. C'étoit là ordinairement l'issue de toutes ses expéditions contre les peuples de ce pays : ils secouoient le joug à la première occasion qui se présentoit. Charlemagne arrivoit, en massacroit un grand nombre; les autres demandoient pardon, on le leur accordoit, et tout rentroit dans l'ordre jusqu'au départ du vainqueur. Les Francs louoient sa clémence envers les rebelles , et les Saxons détestoient sa cruauté envers des peuples aussi libres et indépendans qu'ils l'avoient été sous leurs chefs.

La petite ville de Hoexter, à quelques lieues de Herstel, est également fameuse par les guerres des Saxons. Dans les environs de cette ville , sur les bords rians du Weser, s'élève une petite montagne nommée *Brunsberg*, au sommet de laquelle étoit la forteresse la plus redoutable de tout le pays. Elle avoit été bâtie par *Brun* ou *Brunon*, frère de Wittekind ; et du haut de ce lieu fort, les Saxons empêchèrent, en 775 , Charlemagne de passer le Weser; mais enfin celui-ci les mit en fuite, passa le fleuve et assiégea Brunsberg. Quoique déjà victorieux , tout son génie militaire échoua contre cet écueil : il fut contraint d'en lever le siége, et de faire marcher ses troupes contre les West-phaliens et les Angariens. Les deux petites villes dont je viens de parler n'ont rien de remarquable quant à leur état actuel ; elles annoncent la pauvreté, comme presque toutes les villes de ces contrées ; le commerce y est nul, et l'agriculture n'est que d'un fort médiocre revenu. Auprès de la ville d'Hoexter, dans une plaine assez agréable, sur le bord du fleuve, est située l'ancienne abbaye de Corvey ou Corbie, à laquelle les lettres ont l'obligation d'avoir conservé les cinq premiers livres des *Annales de Tacite*, qui y furent découverts sous le pontificat de Léon X ; il n'est pas besoin de dire que ce protecteur éclairé des lettres récompensa généreusement celui qui avoit fait cette heureuse découverte. Wibalde, dont les savans bénédictins, Martène et Durand, ont publié un recueil de lettres (1) écrites avec beaucoup de goût et dans un style très-facile, étoit abbé de ce couvent.

Toute cette contrée, tant au-delà qu'en-deçà

____

(1) Veterum scriptorum et monumentorum historicorum, dogmaticorum, moralium amplissima collectio ; studio et opere D. Edmundi Martène et D. Ursini Durand, presbyterorum et monachorum benedictinorum à congregatione S. Mauri. Parisiis, 1724, *in-folio*. Tomus II, continens vetera monumenta imperialia monasterii Stabulensis. Wibaldi abbatis Stabulensis et Corbeiensis in Saxoniâ epistolæ.

du Weser, étoit autrefois habitée par les Cattes, peuple guerrier dont César et Tacite, celui-ci surtout, vantent la valeur et l'esprit militaires. César les nomme *Suèves*, induit en erreur sans doute par les renseignemens imparfaits qu'il se procura dans un pays dont il n'entendoit pas la langue. D'autres auteurs, qui ont écrit après César, adoptèrent cette erreur ; et Strabon, entre autres, place les Suèves entre le Rhin et l'Elbe. Il ignoroit, comme César, que ce peuple habitoit alors les bords du Danube. Mannert (1) a bien prouvé que les Suèves n'étoient point un peuple particulier, mais que les Romains, généralement mal instruits des affaires de la Germanie, avoient donné le nom de *Suèves* à une foule d'aventuriers de diverses peuplades qui vinrent chasser les peuples des bords du Danube pour s'y établir eux-mêmes, sans cesser cependant de faire des incursions dans les pays voisins. Quant aux Cattes, ce ne fut pas sans des combats sanglans que Drusus parvint à les soumettre. Il est fâcheux que Dion Cassius ait décrit cette guerre d'une manière trop superficielle et sans les moindres détails. Il prouve même, par le peu qu'il en dit, qu'il ne connoissoit nullement la topographie de cette partie de la Germanie.

Il est probable que ce fut dans les environs

(1) *Geographie der Griechen und Rœmer.* Nuremberg, 1792, tome III.

de Hoexter, sur l'autre bord du Weser, que se livra la bataille d'Idistavisus, entre les Chérusques et les Romains, dont les premiers furent commandés par Hermann ou Arminius, et les autres par Germanicus. Les Chérusques y perdirent beaucoup de monde. Hermann même fut sur le point d'être fait prisonnier ; mais les Chauces qui servoient dans l'armée romaine, le reconnurent, dit-on, et le laissèrent échapper (1). On reconnoît le caractère des Germains au trait que rapporte Tacite à la suite de cette bataille : la vue des trophées érigés par les vainqueurs ranima soudain le courage abattu de ce peuple, jusqu'au point qu'il se jeta furieux sur l'armée romaine, et y fit un grand carnage.

En général, les bords du Weser semblent avoir été destinés à servir de théâtre de guerre dans tous les temps ; car, sans compter les petites batailles que les indigènes y livrèrent aux généraux romains qui tentèrent le passage, particulièrement à Drusus, Tibère et Germanicus, les Francs s'y battoient fréquemment, et avec un succès fort inégal, contre les Saxons, qui ne cessoient de les harceler dans leur propre pays ; et cette lutte dura plus de deux siècles. Clothaire, roi d'Austrasie, remporta, auprès du Weser, une victoire éclatante sur les ennemis ; mais Dagobert, fils de Clothaire II, ne fut pas d'abord aussi heu-

(1) Tacit. Annal. lib. II, cap. 17.

reux dans la guerre qu'il fit aux mêmes peuples,
en 630. Comme l'histoire n'en est pas sans intérêt,
je vais entrer à ce sujet dans quelques détails.

Les Francs, commandés par le jeune Dagobert,
avoient passé le Rhin et marchoient contre les
Saxons, qui s'étoient levés en masse sous leur
chef Bertoalde; mais à la première bataille qui
eut lieu auprès du Weser, le jeune prince reçut
un coup de sabre qui perça son casque et coupa
une partie de sa chevelure. Sur-le-champ il expédie un courrier à son père; et, pour lui donner
une idée du danger où il est avec son armée, il
lui envoie ses cheveux coupés. Clothaire étoit à
la chasse quand il reçut la nouvelle du danger
de son fils; il ramasse sur-le-champ une troupe
de jeunes gens; il écrit à tous les chefs de s'armer
et de le suivre; il part, voyage jour et nuit, et arrive subitement sur le Weser au camp des Francs.
Ceux-ci élèvent de grands cris de joie. Bertoalde,
campé avec les siens sur l'autre rive, entend ces
cris d'allégresse, et demande quel en est le sujet :
on lui annonce l'arrivée de Clothaire. Il répond,
à moitié troublé, qu'il est impossible que le roi
d'Austrasie soit ici, et que les Francs se bercent
probablement d'un vain espoir pour cacher leurs
craintes. Clothaire entend ces paroles, s'avance
et ôte tout-à-coup son casque; les Saxons le
reconnoissent tous, non sans frayeur, à la blan-
cheur éclatante de ses cheveux. Bertoalde ose

insulter le vieillard par des paroles injurieuses.
Indigné de colère d'une si lâche conduite, le
roi remet son casque, pique son cheval des deux,
et traverse le fleuve à la nage. Toute l'armée
partage l'indignation de Clothaire et le suit.
Celui-ci arrive sur le bord opposé, fond droit
sur Bertoalde, qui fuit devant lui, et le supplie,
tout en fuyant, de lui laisser la vie, et de le
traiter comme un maître traite un sujet. Clothaire n'écoute rien, joint enfin son ennemi, le
tue, et rapporte sa tête aux Francs, dont le courage reçoit une nouvelle impulsion par le retour
du roi ; ils se rendent maîtres du champ de bataille, et ensuite de toute la Saxonie (1). Malgré
ces succès, les Saxons ne se rendirent point
entièrement. Il falloit encore que Charles-Martel
vînt sur les bords du Weser pour les domter,
et que son fils Carloman continuât les expéditions
commencées par son père. Dans le camp des
Francs étoit un évêque de Mayence, qui n'avoit
suivi l'armée que pour venger la mort de son
père, qui avoit été aussi évêque de Mayence,
et que les Saxons avoient tué dans un combat
antérieur. Le courageux ecclésiastique étant parvenu, par adresse, à connoître celui qui avoit
tué son père, sut l'attirer hors du camp, et lui
plongea un poignard dans le cœur. Ce fut le
signal d'une sanglante bataille entre les Francs

______

(1) Aimonus, lib. IV, cap. 18.

et les Saxons : ceux-ci furent encore une fois vaincus, et les Francs rentrèrent dans leurs foyers. Le trait que je viens de citer peut servir à donner une idée des mœurs de ce temps, mœurs qui, dans l'état continuel de guerre où l'on vivoit, ne pouvoient être que grossières et barbares. On sera peut-être curieux de savoir ce que devint le jeune évêque qui avoit vengé si courageusement la mort de son père-évêque. Dans un synode, Saint-Boniface l'accusa de s'être souillé de sang humain; et comme cette accusation ne paroissoit pas, sans doute, assez grave, il déclara l'avoir vu jouer avec des oiseaux et des chiens. Là-dessus l'évêque fut déposé; et, ce qui ne me paroît pas trop bien dans un saint, l'accusateur eut l'évêché. Du reste, la mode d'aller à la guerre comme les lais, étoit si générale parmi les évêques de ce temps, que le peuple s'en plaignit à la fin à Charlemagne, et le supplia, par une pétition, de le leur défendre. Que l'on me pardonne tous ces détails que j'aime à me rappeler, comme je le faisois à la vue des lieux témoins de ces scènes !

Le troisième jour, vers le soir, j'arrivai à la petite ville de Lude, sur la rivière d'Emmer, que les historiens romains appellent *Ambra*, en changeant *e* en *a*, comme ils ont fait pour les noms d'*Aliso*, *Albis*, *Adrana*, *Amisius*, rivières qui, dans le pays, s'appellent *Else*, *Elbe*, *Eder* et

Ems. Il y a beaucoup d'autres noms de l'ancienne langue germane, que les Romains ont altérés faute de connoissances suffisantes ; c'est ainsi qu'ils ont transformé *Hermann* en Arminius, *Siegviel* en Civilis, *Ehrenfest* en Arioviste, *Gottwald* en Catualdus, *Harzwald* en Herzwald ou *Silva Hercinia*, *Erde* en Hertha, et *Alrune* en Aurinia, etc.... Ces bévues sont d'autant plus plaisantes, que l'on sait que la plupart de ces mots sont encore aujourd'hui significatifs dans la langue allemande, et qu'étant latinisés à la manière de Tacite et d'autres auteurs romains, ils ne signifient absolument rien. Il paroît que c'est sur les bords de l'Emmer qu'étoient établis les Ambrones, petit peuple voisin des Teutons, quoique quelques auteurs les placent ailleurs. Dans les environs de Lude sont les eaux minérales de Pyrmont, dont la réputation y attire, pendant la belle saison, un grand concours de personnes de tout état. Comme ce lieu charmant a été décrit de la manière la plus satisfaisante par M. Marcard, médecin de Hanovre, dans un ouvrage de deux volumes, je puis me dispenser d'en parler ici.

Après avoir passé la nuit dans la petite ville de *Rehme*, près de laquelle la rivière de Werna se jette dans le Weser, et où Pepin vainquit les Saxons en 753, et après avoir visité l'endroit nommé *Wedekenstein*, où a demeuré le fameux Wittekind, j'arrivai le lendemain à *Minden.*

Cette ville, dont la population n'est que de 5000 habitans tout au plus, est dans une situation charmante, étant renfermée entre deux chaînes de montagnes qui semblent se joindre et ne s'ouvrir que pour laisser au Weser un libre passage : la ville s'étend en partie dans la plaine et en partie sur le penchant d'une montagne couverte de prés et de champs de blés. L'activité des habitans y est grande. On y trouve beaucoup de fabriques qui, quoique peu importantes, maintiennent cependant leurs propriétaires dans une heureuse aisance. On y fait beaucoup de commerce en grains, eaux-de-vie, bière et toiles. Minden est une des plus anciennes villes d'Allemagne. Dans le VIIIe siècle, elle faisoit partie du pays d'Engern, gouverné par Wittekind ; et Charlemagne, pendant son séjour, y fonda un évêché, et y fit construire une église métropolitaine. Du reste, la ville n'a rien de remarquable, si ce n'est le pont sur le Weser, de 600 pieds de long et de 24 de large. Il est composé de sept arches, dont celles du milieu ne sont point d'une forme circulaire comme on les faisoit dans les siècles précédens ; ce qui prouve que l'architecte a deviné, par son génie seul, les principes de mathématiques dont les autres n'avoient alors aucune idée encore, et dont la connoissance n'est que le fruit des études du siècle dernier.

Mais ce pont étonnant n'est rien en comparaison de la merveille naturelle qui se présente à quelque distance de Minden, et qui est connue sous le nom de la *Porte de Westphalie.* Je consacrai le lende-main de mon arrivée à la visite de ce phénomène singulier; et, curieux d'en connoître l'origine, j'examinai tous les environs, je grimpai sur les montagnes; de là je parcourus toute la chaîne qui forme une sorte de rempart le long de ce pays. Voici le résultat des observations que mon ex-cursion m'a fournies.

En jetant, du haut de ces montagnes, un coup d'œil sur toute la contrée, on s'aper-çoit facilement que deux chaînes de monta-gnes, dont l'une descend de la forêt du Harz, viennent se joindre au-dessous de Minden, auprès du village de Hausberg; ou plutôt que ce n'est qu'une seule chaîne interrompue à l'endroit où le Weser la traverse pour aller se perdre dans la mer. Ce fleuve, qui depuis Cassel longe presque toujours cette chaîne de montagnes et de rochers, et suit à peu près la même direction, se détourne tout-à-coup de son chemin à Minden, passe par les montagnes et coule ensuite à travers une plaine horizontale, sans interruption et sans détour, jus-qu'à son embouchure dans la mer du Nord. Cet endroit, où les montagnes s'ouvrent et forment pour ainsi dire des colonnes de chaque côté pour laisser passer le Weser, a été appelé la *Porte de Westphalie.* La nature, dans cette entrée, semble avoir voulu ménager au voyageur une surprise agréable; c'est un monument qui atteste les grandes révolutions physiques qui ont eu lieu dans cette contrée, et qui méritent bien qu'on s'y arrête un instant.

Il est facile de se convaincre, à la première vue de ce phénomène, qu'il n'a pas toujours existé, et que cette rupture, dans la montagne, n'a pu être produite que par la force violente qui a dû changer toute la face des environs. Il n'est pas plus difficile de concevoir que les eaux de la mer couvroient autrefois tout ce pays, tant en-deçà qu'au-delà de ces montagnes qui, elles-mêmes, en formoient le fond. Les nombreuses productions de mer, les coquillages et les poissons pétrifiés qu'on trouve dans les montagnes, les collines et les carrières, en fournissent la preuve. A mesure que la mer se retiroit, les montagnes ont dû former la ligne de démarcation entre les eaux de la mer et celles des rivières qui alimentoient le Weser; la mer a dû successivement s'élever et s'abaisser pendant la marée, contre le revers des montagnes, tandis que l'autre côté étoit battu par les eaux des rivières; et c'est ce frottement qui, du côté du Weser, a occasionné les escarpemens que nous y voyons aujourd'hui. Mais, après la retraite totale de l'Océan, cette barrière naturelle n'a pu subsister long-temps. N'étant plus soutenue d'un côté par les eaux de la mer qui lui servoient d'appui, et étant attaquée de l'autre par le choc des courans, elle a dû céder dans la partie la plus enfoncée et où le choc étoit le plus violent; et dès-lors le Weser s'est frayé un passage jusqu'à la mer. C'est donc la nature qui a fait tous les frais de ce magnifique spectacle. On ne peut découvrir ici aucune trace du travail des hommes; la conformité des couches dans les montagnes latérales, et les rochers usés par le frottement visible, attestent suffisamment que c'est la pression violente de l'eau qui a formé la *Porte de Westphalie*. Du reste, ce phénomène n'est pas le seul de ce genre, comme l'a bien observé M. Wagner (1). La Suisse offre plusieurs exemples de torrens dont les eaux, après s'être précipitées du haut des montagnes et avoir formé des lacs toujours croissans, ont enfin rompu les digues que leur opposoient les montagnes de granit, et s'y sont frayé un passage. Voyons maintenant quelles ont dû être les suites de cette révolution relativement au pays que traverse le Weser. La mer s'étant retirée dans les limites actuelles, le courant se jeta librement à travers la rupture qui venoit d'être faite dans la chaîne de montagnes; l'eau qui jusqu'alors avoit formé une espèce d'étang, commença à découler et à quitter ce pays; les lieux les plus élevés se desséchèrent, et il n'y eut que le bas-fond qui resta marécageux, parce que le Weser et les

____

(1) S. C. Wagner's Natur-Wunder und Lænder-Merk-wuerdigkeiten. Berlin, 1802, 1er Theil.

petites rivières qui venoient s'y jeter, ne s'étoient pas encore creusé des lits assez profonds pour recevoir toutes les eaux des environs. Les rivières, en descendant des lieux élevés, emportoient du limon qu'elles déposoient dans les marécages ; dès-lors ces bas-fonds se remplirent de végétaux qui se décomposoient insensiblement et se changeoient en terre bourbeuse, en houille et en diverses espèces de tourbe. C'est ainsi qu'une partie de ce sol, auparavant le fond de la mer, n'offrit long-temps qu'un marais et une vaste houillère jusqu'au moment où le climat, anciennement chargé d'exhalaisons aqueuses et épaisses, devint enfin assez favorable pour le changer en un terrain fertile et riant, tel qu'il se présente aujourd'hui à nos yeux. Avant de quitter ces lieux, je crois devoir rapporter quelques observations intéressantes sur la nature de ce sol, d'après l'auteur que je viens de citer.

Je suis fondé à croire, dit M. Wagner, que la révolution qui, après avoir arraché ce pays à la mer, le couvrit de nouvelles couches de terre et de pierres, et y forma le sol actuel, remonte au temps où les montagnes du Harz, auxquelles celles du Weser sont adossées, prirent naissance. D'abord la simple inspection des couches de pierres prouve que le Harz n'est point une montagne primordiale; qu'il appartient aux espèces de montagnes qui doivent leur origine à des révolutions plus modernes, et que les couches de pierres y sont d'une formation postérieure. Il n'y a dans toute la chaîne du Harz que le point le plus élevé, le *Brocken* ou *Blocksberg* (1), que l'on puisse regarder comme une montagne primordiale, n'étant qu'un bloc de granit très-solide et très-uni. On peut juger de la hauteur énorme qu'a dû avoir ce père des montagnes du Harz, par le nombre de petites masses qu'une révolution violente en a détachées, et qu'elle a dispersées de tous côtés ; mais cette révolution violente à dû s'étendre non seulement sur la contrée du Harz, mais encore sur une partie considérable du nord de l'Allemagne. Des secousses volcaniques détachoient les montagnes ; les courans d'eau en entraînoient de grands blocs dans la plaine où, devenus moins rapides, ils étoient obligés de les laisser ; dès-lors ces masses se mêlèrent à d'autres matières hétérogènes et prirent une certaine consistance. Les bancs énormes de sable et les nombreuses masses de granit qu'on voit de tous côtés, font voir assez que la destruction d'une grande montagne granitique a produit tous ces décombres ; or, comme dans une vaste étendue de pays, il n'y a aucune autre grande montagne de gra-

(1) Voyez les *Lettres Physiques et Morales sur l'Histoire de la Terre et de l'Homme*, par J. A. Deluc, tome III.

nit que le *Brocken* auquel la chaîne du Härz doit évidemment son existence, on peut admettre en toute sûreté que c'est du *Brocken* que ces masses de granit ont été détachées; mais dans cette révolution le feldspath devoit nécessairement se dissoudre en une matière argileuse, tandis que le quartz et une partie du glimmer ardoisé, formoient les couches de sable que l'on y voit actuellement. Les bancs de houille furent donc recouverts de plusieurs couches de matières hétérogènes, dont le poids produisit naturellement sur ces bancs un effet compressif; et cette compression produisit à son tour une fermentation, par le moyen de laquelle l'huile végétale se changea en huile bitumineuse, se mêla aux parties végétales, s'endurcit et donna naissance à des filons de charbons de terre. Les couches qui ont recouvert l'ancienne houillère, sont au nombre de huit, parmi lesquelles on remarque encore de petites couches de pierre calcaire, d'argile effervescente, de terre glaise, de gravier, de plâtre, de quartz et de pierre ferrugineuse.

La pierre calcaire renferme une quantité de productions de mer. Cette pierre, très-compacte et d'une couleur grisâtre et rougeâtre, donne, par la dissolution, une très-bonne chaux. On n'en trouve des filons que dans très-peu d'endroits. L'argile effervescente se trouve fréquemment dans les environs de Brême et dans les cantons de Freudenberg et Ucht. Il est dangereux de confier à cette espèce de sol des dépôts de vivres ou d'autres choses ; c'est pourquoi les paysans jettent d'abord dans les fosses qu'ils y creusent, de la terre et des pierres, pour lui ôter son action d'effervescence. La terre glaise se montre en filons très-considérables, et sous toutes sortes de formes et de nuances, dans le comté de Lippe-Dethmold, où l'on en fait un grand usage pour l'engrais des terres. Les filons de plâtre sont presque toujours accompagnés de sources salées, comme à Sooldorf, à Rodenberg et à Rehme ; ou bien des sources sulfureuses, comme aux eaux de Rodenberg et de Nenndorf. Le quartz occupe le revers méridional de ces montagnes et se trouve dans les fentes des roches, sous la forme des plus beaux cristaux, dont l'éclat ne le cède en rien à celui des pierres de Bohême. On trouve fréquemment des traces de fer, souvent en véritable minérai, et plus souvent encore allié à d'autres minéraux.

Au-dessus de toutes ces couches, il y en a d'autres propres à la végétation et recouvrant le sol ; ce sont des bancs de sable, de terre glaise, de toutes sortes de houille et de terre bitumineuse. Les bancs de houille surtout s'étendent fort loin dans les régions basses de ces montagnes et fournissent diverses espèces de tourbes dont on fait usage pour le feu. Entre les couches de cette terre on trouve des troncs d'arbres entiers et des filons de véritable ambre ; c'est ce qui fait qu'en analysant les charbons de terre de ce pays, on remarque au haut du creuset un sel acide semblable au sel d'ambre. C'est une chose assez curieuse de trouver des arbres entiers au milieu de la houille, dans un pays où il n'y en a point actuellement, et où le sol n'a pas la consistance nécessaire pour en porter. Il faut qu'anciennement, avant que la houille se fût accumulée au point qu'on la voit aujourd'hui, le sol ait été beaucoup plus solide.

Les bruyères marécageuses commencent derrière Minden, à quelque distance du Weser, et s'étendent dans les environs du lac de Steinhude et du pays de Hildesheim jusqu'aux bords de la mer. Il est facile de concevoir l'état ancien de cette terre de houille et de ces couches de charbons de terre, et ce que deviendroit ce sol, si une révolution le recouvroit d'autres couches de terre et de pierres. On remarque aussi que la vallée traversée par le Weser en diverses sinuosités, ne contient presque point de filons de charbons de terre ; la raison en est toute simple : les masses qui se détachoient de la montagne primitive, ont dirigé leur chute vers ce fleuve, et par cet accident le sol s'est trop desséché pour qu'il ait pu s'y former des marais ou des bancs de houille, tandis qu'il a dû s'en former au nord-ouest, où la position du sol empêchoit les eaux de s'écouler complétement.

M. Deluc a fait, dans cette contrée, des observations aussi intéressantes que celles de M. Wagner; il a remarqué, entre autres, que l'épaisseur de la couche de terre végétale sur les montagnes correspond à celle de la couche de bruyères. « Quand le concours des eaux ne fait pas exception, dit ce savant naturaliste, cette couche ne passe pas un pied, et souvent elle est moindre. Ces deux phénomènes s'éclairent donc l'un l'autre, et l'épaisseur de la couche de terre végétale des montagnes nous conduit à croire que celle de bruyères n'a pas été plus altérée. » M. Deluc emploie ce fait dans ses raisonnemens sur l'antiquité de nos continens actuels. Telles sont les observations auxquelles le phénomène de la *Porte de Westphalie* a donné lieu, et qui ne seront pas sans intérêt pour ceux qui aiment à observer la marche de la nature dans ses ouvrages. Je reprends le récit de mon voyage.

Après un séjour de deux jours, je quittai Minden, et je dirigeai ma course vers la grande chaîne de montagnes qui s'étend depuis l'ancien évêché de Paderborn, par le pays de Ravensberg, Osnabruck et Munster. Parmi les petites villes que je traversai, aucune ne m'a paru contenir quelque chose de remarquable, si ce n'est la ville de Herford qui possède le tombeau de Wittekind, qui étoit d'abord dans le bourg d'Engern, à quelques lieues de Herford. On sait que ce vaillant Saxon étoit chef du peuple Angarien, du temps que toute la Saxonie étoit divisée en trois nations, les Westphaliens, les Ostphaliens et les Angariens; ceux-ci qui, du temps des Romains, s'appeloient *Angrivariens*, étoient maîtres du pays entre les deux autres peuples, les Francs et l'Océan. La ville d'Engern, qui a tiré son nom de celui de ce peuple, devoit être alors fort considérable. Charlemagne s'en empara, ainsi que de tout le pays des Angariens; mais à la paix qu'il fit après trente-trois ans de guerre, avec Wittekind, sous la condition que celui-ci embrasseroit la religion chrétienne, il lui rendit toutes les terres conquises. Wittekind y vécut dès-lors en paix, et mourut au commencement du IXe siècle. Les historiographes ne sont pas d'accord sur l'année ni sur le genre de sa mort. Ce qu'il y a de sûr, c'est que ses cendres furent rassemblées et conservées dans un mausolée à Engern, d'où elles furent transportées à Herford, au commencement du XVe siècle. Ce mausolée est un monument fort simple et fort ancien, mais réparé en 1377, par ordre de Charles IV, empereur d'Allemagne. Après avoir traversé les petites villes de Lemgo et de Dethmóld, je touchai enfin à la forêt de Teutobourg, située auprès de la dernière. Elle mérite une mention détaillée, vu qu'elle rappelle de grands souvenirs, et des événemens importans de l'histoire de Rome et de la Germanie.

Tacite parle de cette forêt en disant (1) que « l'armée romaine pénétra jusque dans les dernières retraites des Bructères, et ravagea tout le pays entre la Lippe et l'Ems, dans les environs de la forêt de Teutobourg. » Ce passage assigne, d'une manière indubitable, la position de cette forêt à l'endroit qui porte aujourd'hui ce nom; néanmoins, quelques auteurs ont cru devoir transporter cette forêt de Tacite aux environs de Duisbourg, dans le duché de Berg, parce qu'effectivement il y a quelque ressemblance entre les noms de Duisbourg et Teutobourg ou Thuiscobourg. Ptolomée parle d'une ville d'Allemagne, située sur la rive gauche du Weser et appelée, selon lui, *Toulibourgion;* mais comme ce géographe grec commet beaucoup de fautes dans l'orthographe des noms allemands, il est plus que probable que c'est *Teutobourgion* qu'il a voulu mettre (2). Il paroît donc qu'il y avoit an-

______

(1) Ductum inde agmen ad ultimos Bructerorum : quantumque Amisiam et Luppiam amnes inter, vastatum : haud procul Teutoburgiensi saltu..... *Annal. lib.* 1, cap. 60.

(2) *Voyez* Cluver, Germ. antiq. lib. 3, cap. 15 et 19. Cluver veut démontrer que Dethmold, autrement appelé *Thietmalle,* est l'ancien Teutobourg qui a donné son nom

ciennement un lieu fort, peut-être la capitale du pays des Teutons, et appelé d'après cela *Teutobourg*. Dans cette supposition, on conçoit facilement pourquoi les Romains mettoient tant d'importance à avoir une position sûre dans les environs, et que dans ces conjonctures une grande bataille étoit inévitable. Ceci confirme l'opinion des savans qui placent le lieu de la fameuse bataille de Varus et d'Hermann dans la vaste plaine de Senne, qui s'étend au pied et le long des montagnes de Teutobourg. Mais, avant d'alléguer les raisons qui viennent à l'appui de cette opinion, je crois qu'il ne sera pas hors de propos de donner ici un précis de cet important événement de l'histoire ancienne, et de rassembler, à cet égard, tous les détails disséminés dans les livres des historiens latins.

à la forêt voisine, parce que le mot *Teut* est le même que *Diet* ou *Deth*, et que *Mold* vient de *Mall*, nom qu'on donnoit anciennement aux lieux où siégeoit un tribunal de justice. Pour justifier cette étymologie un peu hasardée, Cluver cite d'autres mots, tels que *Diedenhille*, etc.., qui ont tous pris leur dénomination du mot *Teut*. M. de Furstenberg pense que l'ancien Teutobourg a donné son nom à la forteresse de *Teutobourg* auprès de Bude en Hongrie, maintenant le village de Drasad, au confluent de la Drave et du Danube, où une colonie de Germains, apparemment de Sicambres, vint s'établir. *Lazius*, *l.* 12, *Comm. Reip. Rom.*, *c.* 6.

Les Germains étoient, de tous les ennemis des Romains, ceux qui leur donnoient le plus d'embarras, et contre lesquels échouoient tous les moyens qu'ils avoient coutume de mettre en usage pour conserver leurs conquêtes. Tacite est contraint d'en convenir, et il ajoute : *Quippe regno Cæsaris acrior est Germanorum libertas.* Grâces à cet amour si naturel de la liberté et de l'indépendance, les Romains, bien qu'ils en eussent triomphé, ne les vainquirent jamais. Leur politique et leur caractère rusé étoient incompatibles avec la franchise et la loyauté des Germains. Les efforts que ceux-ci firent pour revenir à leur état indépendant, le seul qui convenoit à ce peuple énergique, furent traités à Rome comme autant de rebellions et de crimes, et représentés comme tels par les historiographes, flatteurs gagés des Césars. Mais qui de nous peut refuser un hommage d'admiration à un courage inspiré par une cause aussi juste, et si bien soutenu dans tous les temps? Et qui ne se réjouit pas en lisant que ce peuple se vengea d'une manière éclatante, de toutes les injures reçues, sur un général assez insolent pour croire que les Germains n'avoient rien de l'homme que la voix (1)? Pour contenir une pareille nation dans les bornes de l'obéissance, il falloit plus que de l'astuce et de la politique. Drusus, en faveur duquel Auguste

(1) Vellejus Paterc. lib. 2.

s'écarta de son premier projet de ne pas étendre davantage l'empire romain, se rendit maître de tout ce pays dans une expédition aussi hardie que surprenante ; et il s'y maintint, parce qu'il savoit prendre le caractère de la nation. Tibère succéda à Drusus, mort par suite d'une chute ; mais son expédition ne fut signalée par aucun événement mémorable, quoi qu'en dise son panégyriste Vellejus. Tibère se contenta de temporiser avec les Germains ; mais Varus, son successeur, croyant pouvoir les traiter comme il venoit de traiter la Syrie, *quàm pauper divitem ingressus, dives pauperem reliquit* (Vellejus, lib, 2), et, leur faisant sentir son orgueil et son avidité, excita leur juste haine ; et si les Orientaux avoient supporté patiemment le joug imposé par le général romain, les Germains méditèrent un plan qui devoit leur rendre la liberté et leurs usages nationaux ; mais aussi n'y eut-il point en Syrie un Hermann ! Ce fut ce jeune guerrier, fils d'un prince des Chérusques, qui le premier conçut le projet de délivrer sa patrie. Un séjour de plusieurs années dans les Etats de Rome, la dignité de *chevalier* dont les Romains avoient récompensé sa valeur, enfin l'estime que lui témoignoit Varus lui-même, n'avoient pu étouffer dans le brave Hermann les sentimens de patriotisme si naturel aux peuples libres : il se réveilla à la vue de l'oppression sous laquelle ce général fit gémir sa nation, et dès-lors il ne s'agissoit plus que de communiquer ses projets et ses sentimens à tous les Germains ; ceux-ci n'attendoient qu'un chef pour se lever en masse et reconquérir sur les Romains leur liberté naturelle. Un seul devint traître parmi eux. Ségeste, né d'une famille noble, Germain et ami de Varus, alla découvrir à ce général tous les projets de sa nation. Il est vrai que Ségeste avoit été offensé gravement par le jeune Hermann ; mais falloit-il trahir sa patrie pour se venger d'une injure personnelle ? Tous les éloges que lui donnent les auteurs latins, n'empêchent pas que tout homme impartial ne regarde sa conduite comme une lâcheté, et comme une trahison envers sa patrie. Cependant Varus ne peut ajouter foi aux paroles et aux conseils de Ségeste ; il est assez vain pour croire que sa présence et l'appareil dont il a eu soin d'entourer son tribunal, suffisent pour contenir une nation qu'il assimile aux timides Syriens, dépouillés par lui sans qu'ils osassent se plaindre. Ce n'est que trop tard et qu'à ses dépens, qu'enfin il apprend à quelle nation il a affaire ! On vient lui annoncer tout-à-coup que les Germains sont sous les armes et marchent sur son camp. Varus commande une armée composée de trois légions, autant de corps de troupes auxiliaires et six cohortes (1) ; c'étoit l'élite des ar-

(1) En tout 50,000 hommes. D'après Polybe, la légion

mées romaines qui, dans toute autre guerre, se seroit couverte de gloire ; mais contre les Germains elle ne pouvoit rien entreprendre : bien loin de là, ceux-ci l'assaillirent avec tant de vigueur, tant d'acharnement, qu'en peu de temps les Romains furent entièrement défaits; vaincus et dispersés, ils se sauvèrent dans les forêts et les marais ; mais partout l'acharnement du vainqueur les atteignit. Pour faciliter leur marche et leur retraite, les Romains mirent le feu à leurs bagages; et le second jour ils parvinrent enfin à se tirer du défilé et à gagner un terrain plus dégagé, mais sans le moindre fruit. Harassés de fatigues, ils succombèrent tous, le troisième jour, à leur infortune, à l'exception d'un petit nombre d'hommes qui, profitant du moment que les Germains s'occupoient du pillage, s'échappèrent dans la forêt voisine, s'y rassemblèrent et allèrent joindre les deux légions campées vers le Rhin, sous le commandement d'Asprénas.

La cruauté se mêloit à la fureur du combat, et faisoit subir aux principaux Romains les tourmens les plus affreux. Varus et cinq autres chefs voyant qu'ils n'avoient pas de grâce à attendre des Germains, et étant tous blessés, se tuèrent eux-mêmes. Les soldats inhumèrent le corps de

romaine étoit composée de 5000 fantassins et 300 cavaliers ; mais Végèce prétend qu'elle contenoit 6000 fantassins et 732 cavaliers.

leur général ; mais la fureur barbare des vainqueurs n'étoit pas encore rassasiée : les Germains retirèrent le cadavre de dessous la terre, le mirent en pièces et le brûlèrent. La tête fut envoyée à Maroboduus, un de leurs princes. Ainsi périrent trois légions romaines, sans compter les troupes auxiliaires ; trois aigles furent perdues par cette fameuse défaite (1). Jamais peut-être il n'avoit régné à Rome une plus grande consternation, qu'à la nouvelle de la défaite de Varus. Elle fit une impression si profonde sur Auguste, qu'il oublia presque son rang et sa dignité, et donna publiquement des marques d'une douleur pusillanime.

(1) Deux en furent prises par les Germains, et la troisième fut enfouie dans un marais par celui qui la portoit. Tacite (*Annal. l. II*) dit que, sous le commandement de Germanicus, les deux aigles furent retrouvées, l'une chez les Bructères, l'autre chez les Marses. Dion (*lib. LVII et LX*) dit aussi qu'elles furent retrouvées ; mais il ne s'accorde pas avec Tacite sur l'époque de cette particularité, tandis que Florus dit expressément que les deux aigles ne furent jamais rendues aux Romains, et c'est ce qu'il y a de plus probable ; car si l'on avoit repris ces aigles, les autres historiens, Vellejus surtout, qui n'omet pas une circonstance propre à flatter l'orgueil de Tibère, n'auroient pas manqué de parler d'un événement si remarquable. Quelques auteurs modernes prétendent que c'est de là que sont venues les deux aigles composant le sceau de l'empire germanique et de l'Autriche. *Voyez* Cuspinian in Florum, in vitâ Aug.

Il déchira son vêtement, poussa des plaintes continuelles, heurta son front contre la muraille, et s'écria d'une voix lamentable : *Varus, rends-moi mes légions !* Craignant une émeute de la part des nombreux Germains à Rome, il les envoya dans diverses îles ; il fit doubler ses gardes et prolongea le temps du commandement des légats de province, pour que l'ancien état des choses fût partout maintenu. Les jeux publics n'eurent pas lieu. Le triomphe qu'avoit mérité Tibère, par une victoire remportée sur les Pannoniens, fut remis ; et dans tout l'empire on fit des levées extraordinaires, parce qu'on craignit que les Germains, après une victoire aussi éclatante, ne vinssent envahir le territoire romain. Ceux-ci ne songèrent cependant qu'au partage des terres reconquises par cette bataille. Les Marses reprirent leurs établissemens à la Lippe vers le Rhin ; les Bructères occupèrent le pays entre la Lippe et l'Ems, et les Chérusques se remirent en possession des bords du Weser ; les Teuctères et les Usipètes se retirèrent vers les bords méridionaux du Rhin ; enfin les Cattes se maintinrent dans leurs possessions entre le Main et le Lahn.

Telles furent les suites d'une bataille que tous les historiens romains s'accordent à regarder comme une des plus grandes taches de la gloire de leur nation. Mais comme ils ne s'expliquent pas clairement sur le temps et les lieux, ces deux

objets ont été depuis un sujet de discorde parmi
les savans modernes. Quant à l'époque où la défaite de Varus eut lieu, elle doit tomber entre
l'an 761 et 763 de la fondation de Rome, ou vers
l'an 10 de l'ère chrétienne. Aussi l'opinion de ces
auteurs varie-t-elle moins à cet égard, qu'au
sujet du lieu de la bataille. L'un la place auprès
de Mayence, l'autre à Duisbourg, un autre à
Augsbourg, un autre encore en Saxe. Le savant
Mannert croit qu'elle eut lieu près du Rhin, dans le
nord et sur la frontière du duché de Westphalie,
ou bien dans le comté de Mark (1)......... Mais en
comparant attentivement tous les détails donnés
par les auteurs romains, particulièrement par
Tacite, Vellejus et Dion, je suis resté con-

(1) La simple inspection des lieux me semble détruire
les raisonnemens par lesquels Mannert veut prouver que
la défaite de Varus n'a pu avoir lieu dans les environs de
la Lippe. Les fuyards, dit-il, qui se sauvèrent vers l'armée d'Asprénas auprès du Rhin, ne seroient jamais arrivés le lendemain de la bataille, si elle n'avoit pas eu lieu
dans le sud de la Westphalie. D'ailleurs, continue-t-il, il
auroit fallu que Varus eût été un homme sans tête, si après
la première perte il ne se fût retiré dans les forteresses que
les Romains possédoient entre la Lippe et le Weser. M. Mannert devroit songer qu'il est inutile de penser à la retraite,
lorsqu'on est renfermé entre des armées nombreuses,
entre des marais, des forêts et des montagnes. Quant à la
marche des fuyards, je n'y trouve rien d'extraordinaire :
on a vu arriver des choses semblables en maintes et
maintes batailles.

vaincu que la bataille n'a pu avoir lieu qu'aux environs de la forêt de Teutobourg, dans l'ancien comté de Lippe et à l'endroit que lui assigne l'auteur des *Monumenta Paderbornensia*, c'est-à-dire entre les villes de Dethmold et Horn, auprès de la montagne de Falkenberg. D'ailleurs Tacite dit expressément, dans le premier livre des Annales, que le corps de troupes, envoyé en Germanie quelque temps après, passa auprès de la forêt de Teutobourg, où l'on disoit que les restes des légions de Varus étoient encore sans sépulture. Aujourd'hui on déterre quelquefois dans ces lieux des os, des médailles de Jules-César et d'Octave-Auguste, des armes, des flèches et des éperons; une rivière y porte le nom de *Knochenbach* (ruisseau des os), et une autre celui de *Rotenbach* (ruisseau rouge); le champ auprès de Horn s'appelle encore *Wintfeld* (champ de Victoire), et une montagne y porte le nom d'*Hermann*.

Les nations qui défirent Varus furent les Chérusques, les Bructères, les Marses et autres nations voisines qui habitoient toutes, comme on sait, ces contrées. Plusieurs villes et villages paroissent y avoir reçu leur nom du général romain : *Warbourg*, *Warenholdt*, *Varisberg*, *Warendorf*, *Varlar*. Tout concourt donc à prouver que c'est ici qu'Arminius acquit le nom glorieux de *libérateur de la Germanie*, et que l'orgueil des Romains fut à jamais humilié par des nations qu'ils ne connoissoient presque que sous le nom de *barbares.*

Après des succès aussi éclatans, Hermann avoit, parmi les autres princes des Germains, une prépondérance trop marquée pour ne pas leur inspirer de la jalousie et de la haine. Dans sa famille même, il avoit contre lui Ségeste son beau-père, et Inguiomer son oncle. Un prince des Cattes promit de tuer Hermann, sous la condition qu'on lui feroit venir de Rome la dose nécessaire de poison. Le jeune héros ne tarda pas à être la victime de la jalousie et de la haine de ses compatriotes. Il fut assassiné à l'âge de trente-sept ans. Pour justifier un crime aussi atroce aux yeux de la nation, on l'accusa d'avoir voulu se défaire des autres princes pour régner seul. Ses hauts faits furent chantés par les Germains long-temps après sa mort, et le plus grand des historiens de Rome a fait son éloge. La puissance des Chérusques, dit Mannert, paroît avoir été attachée à l'existence du plus grand chef qu'ils aient jamais eu. Du moins, depuis l'époque de sa mort, on ne trouve plus qu'ils se soient distingués. Des troubles intérieurs déchirèrent la nation. Les princes de la famille d'Hermann se persécutèrent entre eux et se détruisirent successivement. Les Chérusques s'engagèrent dans une guerre contre les Lombards qui les vainquirent et les chassèrent de leurs établissemens, et dès-lors le nom de *Chérusques* disparut du théâtre de l'histoire.

Un second Hermann combattit, huit siècles après le premier, sur les mêmes lieux, pour la liberté des Saxons; ce fut Wittekind qui, en 783, auprès de Dethmold, dans le champ appelé *Wintfeld*, livra bataille à Charlemagne qui n'avoit pas encore pu venir à bout de domter ce fier guerrier; mais moins heureux que Hermann, Wittekind perdit la bataille, et ne se sauva qu'avec quelques fidèles. Le monument qu'érigea Charlemagne en l'honneur de cette victoire, sur la montagne de *Tœnsberg*, fut une chapelle appelée *la Chapelle du Secours Divin*, nom qui lui est resté pendant plusieurs siècles : on en montre encore les ruines.

La contrée qui a été le théâtre de toutes ces scènes fameuses mérite aussi, sous le rapport de l'histoire naturelle, quelque attention de la part du voyageur. Cette grande plaine, appelée le *Désert de Senne*, est une vaste bruyère servant de pâturage à une quantité innombrable de troupeaux. On est frappé de voir dans ces bruyères courir de toutes parts des chevaux excellens qui y sont abandonnés à eux-mêmes. Ce n'est que pour les accoupler et pour prendre les poulains, qu'on les conduit en printemps au haras de Lipshorn. Dans toutes les autres saisons de l'année, ces animaux errent librement dans les bruyères et les forêts. En hiver, on met du foin et de l'eau dans les écuries du haras dont on laisse l'entrée ouverte, et pendant la nuit les chevaux viennent manger et boire, et s'en retournent ensuite. Cet état de liberté les rend souples et vigoureux ; aussi la race de la Senne est-elle fort estimée dans ce pays. Quelques parties des bruyères de Senne sont cultivées, surtout en lin ; c'est une des principales productions des pays de Lippe, Osnabruck, Ravensberg, Munster, et en général de la plus grande partie de la Westphalie : presque chaque paysan y est tisserand, surtout dans la saison où les champs n'exigent point de travaux. Des marchands en gros envoient une quantité immense de toile fabriquée dans ce pays, en Hollande où on la vend et expédie sous le nom de *toile de Hollande*. Les abeilles sont aussi un objet de spéculation chez les habitans des bruyères de Senne. Le thym et la fleur du blé sarrasin fournissent à ces laborieux insectes un suc aromatique très-abondant. Au printemps on y vient même de loin apporter des essaims, pour les faire jouir de ces espèces de pâturages. Dans les terrains que les laboureurs défrichent, ceux-ci trouvent quantité de vieux troncs d'arbres qui font croire que d'immenses forêts s'étendoient autrefois sur tout ce sol ; les montagnes en sont encore couvertes. Ce sont le hêtre et le chêne qui y dominent : le fruit du premier de

ces arbres fournit une huile très-bonne ; le chêne
est l'arbre des pays du Nord, et s'y élève souvent
à une hauteur dont on n'a point d'exemple dans
le midi de l'Europe. Rien de plus agréable que
la nuance de son feuillage et l'ombre qu'il répand ; rien de plus majestueux que de voir dans
ce pays de vieux chênes d'une hauteur et d'une
grosseur prodigieuses, accablés sous le poids de
l'âge, et courbant leurs nombreux rameaux vers
la terre d'où ils sont élevés à si grande hauteur !
C'est, à mon avis, un des plus précieux dons
que la nature ait faits aux climats auxquels elle
a refusé la douce température des pays fortunés.
Plusieurs rivières prennent leur source dans les
bruyères de Senne, entre autres la Lippe et
l'Ems (1), deux des rivières les plus considérables

(1) La Lippe, appelée *Luppia* par les Latins, traverse
les anciens évêchés de Paderborn et de Munster, et se jette
auprès de Wesel dans le Rhin. Strabon s'est donc grossiè-
rement trompé, en disant, *liv. VII*, que l'embouchure de
la Lippe étoit éloignée du Rhin de 136 stades ou 85 mille
pas. Le même auteur raconte gravement que les Bructères
livrèrent sur cette rivière un combat naval aux Romains.
C'est sans doute une plaisanterie : j'avoue du moins que je
ne puis me figurer comment on livre un combat naval sur
une rivière qui n'est pas aussi large que la Seine. L'Ems
que Méla et Pline nomment *Amisius*; Tacite, *Amisia*;
Strabon, *Amasia*; et Ptolomée, *Amasios*, reçoit plusieurs
petites rivières et se jette dans la mer au-dessous d'Emde,
dans le pays de Frise.

de la Westphalie. Les roches d'Extern (*Extern-Steine*) méritent aussi une mention parmi les particularités de cette contrée. Ces roches d'une forme singulière, situées dans une vallée déserte et sauvage à l'entrée de la forêt de Teuto-bourg, et isolées l'une de l'autre, s'élèvent à une hauteur considérable, en sorte que ces masses forment, avec la sombre forêt qui s'étend à perte de vue derrière elles, un tableau très-pittoresque qui frappe d'autant plus, qu'on ne l'attend pas au milieu d'un pays qui ne présente en général que des bruyères et du sable à la vue des voyageurs. La première de ces roches, la plus large et la plus élevée de toutes, a 80 ou 90 pieds de hauteur. On a pratiqué dans son intérieur une cellule assez spacieuse où l'on voit sculptée, dans le roc, la descente de la croix en demi-relief. Avant le temps de la réformation, cette cellule étoit l'objet du culte des catholiques et attiroit grand nombre de pélerins. La seconde roche inspire au premier abord une sorte de frayeur par sa position extraordinaire, étant tellement penchée de côté, qu'elle menace à chaque instant de s'écrouler sous sa propre masse. Mais peu à peu l'on se rassure, et l'on s'étonne de voir sur le sommet une chapelle, sans qu'il y ait moyen d'y arriver ; en réfléchissant un peu, on devine qu'il a dû y avoir autrefois un pont de communication du haut de cette roche à une autre roche voisine, au sommet de laquelle on monte par un escalier fort étroit, pratiqué dans le roc, et tournant tout autour ; mais comme cet escalier dans l'endroit le plus dangereux n'a pas de parapet, il faut une grande hardiesse pour monter jusqu'au sommet. A peu de distance de celle-ci s'élève une quatrième roche, dont la cime sert de point d'appui à une grosse pierre ronde qui semble à peine toucher sa base et être sur le point de tomber. Ces quatre roches sont entourées d'autres plus petites et moins remarquables. A en croire les historiographes de ce pays, les Païens faisoient, aux roches d'Extern, leurs sacrifices à leurs faux Dieux ; du temps de Charlemagne, ce culte d'idolâtrie a été remplacé par celui de la religion chrétienne (1).

A peine a-t-on quitté la vallée où sont ces roches, qu'on entre dans une autre vallée nommée *Bielstein*, encore plus sauvage et remplie de grandes masses de pierres dispersées çà et là. Un des côtés de cette vallée n'est même formé que d'un seul rocher qui s'élève comme un mur, et où se trouve une grotte dont l'ouverture est assez large pour qu'un homme puisse y entrer commodément. Il y a encore

(1) *Voyez* l'ouvrage intitulé : *Westphaelisches Magazin zur Geographie, Historie und Statistik, herausgegeben von P. F. Weddigen. Bielefeld.*

d'autres grottes dans les environs de cette vallée ; mais elles n'offrent rien de remarquable. Ce qu'il y a de plus curieux que ces cavernes, ce sont les ruines d'un édifice de la plus haute antiquité , situées au - dessous du village de Kolstæt. Ces ruines présentent d'un côté un mur de 50 pieds de long sur 40 de large et 100 pieds de hauteur; de l'autre côté, ce mur est joint à un autre qui forme avec lui un angle droit. Ce qu'il y a de singulier, c'est que cet édifice ne paroît avoir eu ni portes ni fenêtres; du moins on n'en voit pas la moindre trace : pour pénétrer dans l'intérieur , on est obligé de passer par un trou qu'on y a percé dans les temps modernes. Les murs sont d'une épaisseur énorme et tellement solides , qu'ils semblent être moins l'ouvrage des hommes qu'un jeu de la nature. Un auteur de ce pays, présume que ces ruines sont les restes d'un temple de la déesse *Oaster* que l'on révéroit aussi, selon lui, aux roches d'Extern , et à laquelle on sacrifioit de petits enfans dont les mères alloient pleurer la perte sur une montagne voisine, appelée encore aujourd'hui *Weineberg* (montagne des pleurs); mais cette opinion n'est fondée sur aucun témoignage historique, et la destination de cet édifice d'une construction aussi singulière restera probablement long-temps encore en problême.

Il n'est pas rare de trouver dans ce pays des tombeaux du temps des Païens. On voit, dans les cabinets de beaucoup de particuliers, des urnes funéraires retirées de dessous des collines de sable; ces urnes sont ordinairement remplies de cendres et à moitié brûlées : quelquefois on y trouve aussi des lacrymatoires et des haches faites en pierre; j'en ai vu une d'un caillou très-aigu et parfaitement bien poli. Ces tombeaux s'annoncent par de grandes pierres couvrant les collines, et n'ayant aucun ornement.

En quittant la plaine de Senne et le pays de Lippe, je dirigeai ma route vers *Lippspring*, petite ville à la source de la Lippe, ainsi que le nom l'indique. Cet endroit, quelque petit qu'il soit, n'est cependant pas inconnu dans les fastes de l'histoire. Tibère, pendant son expédition dans la Germanie, y eut ses quartiers d'hiver (1);

(1) Pietas sua Cæsarem, penè obstructis hieme alpibus, in urbem traxit, ad tutelam imperii : cum veris initio reduxit in Germaniam ; in cujus mediis finibus, *ad caput Luppiæ fluminis* hiberna digrediens princeps locaverat. *Vellejus, Pat. lib. II.*

On lit dans quelques éditions, entre autres dans l'édition hollandaise de Samson que j'ai sous les yeux, *ad caput* Juliæ *fluminis*, au lieu de *Luppiæ* ; mais c'est évidemment une faute, à moins qu'on ne suppose que ce fleuve ait été nommé *Julia* en l'honneur de Jules-Octave. *Voyez* Lips. in not. ad Vellej. lib. II, n° 194, et Cluver. Germ. antiq. lib. III, cap. 49.

et Charlemagne y vint trois fois, en 776, 780, et 782, y campa avec son armée, et y tint deux synodes ou assemblées générales, dont la dernière étoit composée de tous les grands de la Saxonie, à l'exception du fier Wittekind qui ne voulut point s'abaisser au point de ramper en esclave aux pieds d'un roi de France. Les historiographes de Charlemagne ne manquent pas de traiter de rebellion ce refus du chef saxon ; mais ces expressions n'en imposent pas à la postérité qui met tout à sa place, et ne juge point les grands hommes avec les préventions des contemporains.

De Lippspring à Paderborn, ci-devant capitale de l'évêché de ce nom, il n'y a qu'un trajet de quatre lieues. Cette ville, située dans une plaine agréable, tire son nom de la petite rivière de Pader, qui sort de la terre dans l'enceinte de la ville même, par trois diverses branches qui vont se réunir au-dessous de la cathédrale, et traverser une partie de la ville. Leurs eaux limpides, et tellement claires qu'elles laissent voir les herbes qui croissent au fond, rafraîchissent agréablement la ville dans les chaleurs de l'été ; et pendant l'hiver, lorsque tous les alentours sont couverts de neige, ces mêmes eaux sont si chaudes, qu'il en sort de la fumée comme d'une eau bouillante. Ce phénomène, qui ne seroit que curieux dans une campagne, est extrêmement avantageux aux

habitans de cette ville pour leurs besoins journa-
liers. Du reste, ces eaux sont si abondantes,
qu'elles font aller plusieurs moulins à cent pas
de leur source. Il paroît en général que, dans
les environs de Paderborn, il y a de vastes ré-
servoirs d'eau souterrains; car un grand nombre
de petites rivières y ont leur source, ou elles y
reçoivent de nouveaux alimens; quelques-unes
même se perdent sous terre, sans doute pour
en alimenter d'autres, ce qui m'a fait comparer
ce terrain à celui de Normandie où l'on remarque des particularités semblables. Cette abon-
dance d'eau fait que la ville de Paderborn est
pourvue d'un nombre suffisant de belles fontaines,
d'où l'eau jaillit en filets toujours purs et frais.
Quelle différence de cette eau *vierge*, si je puis
m'exprimer ainsi, qui, venant de sortir du sein
de la terre, n'a pas encore été souillée par des
matières hétérogènes, à celle que les Parisiens
voient puiser à ces fontaines mesquines, fournies
par les eaux sales de la Seine! Il suffit d'avoir
vu les premières, pour être à jamais dégoûté
de celles-ci. Il ne faut pas s'étonner, d'après
cela, que Paderborn ait été si souvent le séjour
des empereurs. Charlemagne y séjourna cinq
fois, savoir, en 777, 783, 785, 786 et 797. Ce
fut à cette dernière époque qu'il y reçut avec la
plus grande pompe le pape Léon, qui, ayant
été maltraité par les Romains, et mutilé d'une

manière barbare à la langue et aux yeux, venoit pour implorer le secours de l'empereur.

Un ancien poète que l'on croit être Alcuïn, le savant précepteur de Charlemagne (1), a décrit en beaux vers cette touchante entrevue, dont la solennité étoit encore augmentée par ce mélange imposant de guerriers innombrables sous les armes, et d'un clergé revêtu de ses ornemens sacrés. Les successeurs de Charlemagne firent aussi très-souvent leur séjour à Paderborn; particulièrement Louis, Otton et Henri. La ville est cependant peu considérable, et son commerce l'est encore moins ; c'étoit un inconvénient attaché à toutes les villes d'Allemagne gouvernées par des évêques ; il est à présumer que, faisant partie actuellement du royaume de Westphalie, Paderborn se ressentira de cette impulsion heureuse donnée à tous les esprits par son nouveau gouvernement. A un quart de lieue de Paderborn, au confluent de trois rivières, la Lippe, l'Alme et la Pader, est situé Neuhaus, château de plaisance du ci-devant évêque. Cet endroit ne mérite de fixer l'attention que parce que c'est là, suivant l'opinion de quelques savans, qu'étoit la fameuse forteresse que Drusus construisit pour domter les Sicambres. Les historiens latins nomment cette forteresse *Alison.*

___

(1) Monumenta Paderbornensia, pag. 160 et suiv.

Dion (1) dit qu'elle fut construite au confluent
de la Lippe et de l'Alison. Tacite assure qu'elle
étoit sur la Lippe, et Vellejus enfin prétend
qu'elle n'étoit pas très-éloignée de la source
de la Lippe et du champ de bataille où fut dé-
fait Varus. En comparant le texte de ces auteurs,
loin d'y trouver des contradictions, on est forcé
d'y reconnoître une concordance générale, et
on ne peut se refuser à l'opinion de l'évêque
de Furstenberg, qui place la forteresse d'Alison
auprès de Neuhaus. Il est vrai qu'on n'y trouve
pas la rivière d'Alison dont parle Dion, et dont
le nom ne peut être attribué à aucune autre rivière de ce pays ; mais c'est sans doute de la
rivière d'Alme que Dion a voulu parler ; en
effet, c'est là qu'elle se jette dans la Lippe.
Les traces d'anciennes fortifications y sont encore
visibles ; le village situé auprès de ce confluent,
s'appelle *Elsen*, nom évidemment dérivé d'*Alison*. Malgré ces preuves décisives, Ptolomée
place son *Aleison* sur le Rhin. Pour connoître
son erreur, il suffit de consulter le texte de
Tacite, qui dit clairement que Germanicus for-

(1) Dio Cassius, lib. LIV. Ex eo namque Barbari propiùs
adire veriti, eminùs tantum hostem infestavere, ita ut
Drusus vicissim iis contemptis, castellum contra eos ad
Lupiæ Alisonis confluentes, aliudque in Chattis ad Rhenum exstruxerit. *Voyez* aussi Cluver. German. antiq.
lib. III, cap. 9.

tifia tous les lieux situés entre le Rhin et Alison (1). Mais lorsqu'on sait que, de nos jours, des
géographes accrédités commettent quelquefois
des bévues grossières (2), il ne faut plus s'étonner
de ce qu'un géographe grec, vivant dans un temps
où il y avoit peu de relation entre les nations
de la terre, se soit trompé sur des lieux de
Westphalie. Mannert et quelques auteurs plus
anciens, pour lever tous les doutes à cet égard,
admettent deux Alison, l'un sur la Lippe, et
l'autre sur le Rhin auprès de Wesel ; mais aucun
fait historique ne me paroît appuyer cette opinion hasardée (3).

Pour avoir une idée de l'importance dont
étoit cette place forte pour les Romains, il faut
savoir à quelle fin et contre quels ennemis Alison
fut bâtie. Dion Cassius dit expressément que
cette forteresse fut construite contre les Sicambres. Ce peuple, qui habitoit d'abord les bords

(1) Cuncta inter castellum Alisonem et Rhenum novis
limitibus aggeribusque permunita. Tacit. Annal. lib. II.

(2) Est-il besoin de rappeler ici les aigles à deux têtes de
M. Guethrie, les mouches végétales de M. Pinkerton et
autres absurdités des géographes anglais, humblement
adoptés par les Lycées français ?

(3) Mannert prend la Lise qui, à deux lieues de Lips-
tadt, se jette dans la Lippe, pour la rivière d'Alison ; mais
si le savant historien avoit été dans le pays, il sauroit
que la Lise n'est qu'un foible ruisseau.

de la Sieg , s'étendit ensuite de tous les côtés , et touchoit au Rhin, à la Ruhr , à la Lippe et même au Weser. Plus puissans et plus vaillans que les autres peuples de la Germanie , les Sicambres durent nécessairement s'attirer la haine des Romains. La réponse admirable qu'ils firent à Jules-César , lorsqu'il envoya demander ceux qui lui avoient fait la guerre , peint d'un seul trait leur caractère énergique : il faut, lui dirent-ils , que le Rhin soit la barrière de l'empire romain ; César trouveroit sans doute mauvais que les Germains entrassent malgré lui dans la Gaule ; par quel droit vient-il donc faire la loi aux peuples au-delà du Rhin ? Une nation qui osoit répondre ainsi au vainqueur des Gaulois , n'étoit certainement pas facile à subjuguer ; aussi César n'y parvint - il point. Deux fois il fut obligé de se retirer, avec son armée harcelée de tous les côtés par les Germains. Drusus ne fut pas d'abord plus heureux. Revenant des bords du Weser, il fut surpris par les Sicambres dans des défilés , et eût péri avec tous ses soldats , si leur exacte discipline ne les eût sauvés de la fureur aveugle des ennemis. Ayant ensuite soumis les Cattes, Drusus étoit plus en état de tenir tête aux autres ennemis, et il profita de leur retraite pour construire dans le pays des Sicambres la forteresse d'Alison ; ce ne fut pas sans doute la seule , puisque, au rapport de Florus, il en construisit plus de cinquante sur le Rhin seulement. Malgré cela, la forteresse d'Alison ne servit aux Romains qu'environ vingt ans ; la défaite de Varus la leur fit abandonner ; ils la reprirent ensuite sous Germanicus, mais ils ne la gardèrent que sous le règne de l'empereur Claude, pendant lequel les Romains n'osèrent plus passer le Rhin.

Tels sont les renseignemens que l'histoire nous fournit sur un des plus anciens monumens de ce pays ; il me reste à rendre compte d'une petite excursion que je fis de Paderborn dans la partie occidentale de l'ancien archevêché de ce nom, pour examiner encore quelques autres lieux connus par l'histoire ancienne.

A quelques lieues de Paderborn, on voit de loin un château imposant, flanqué de tours et bâti sur une montagne assez élevée. Cet ancien château, qui porte le nom de *Wewelsbourg*, est un monument, non des Romains mais des Saxons, qui le construisirent contre des Huns qui s'étoient avancés jusqu'en Westphalie, et que Charlemagne parvint enfin à domter après une guerre de huit ans.

Avant d'arriver à ce château, j'avois vu, au milieu des pâturages, une colline que les bergers, dans leur langage, nomment *Hunenknap*, c'est-à-dire *tertre des Hunes*. Je ne doute pas que ce ne soit le tombeau de quelque chef de ce peuple; et peut-être en trouveroit-on encore les restes, si l'on vouloit faire des fouilles en cet endroit (1). Quant au château dont je parlois tout-à-l'heure, il n'est plus tel qu'il étoit du temps des Huns; cependant il est encore remarquable par sa construction singulière, qui présente un triangle dont chaque coin est défendu par une tour ronde et massive. On m'a raconté qu'un lord anglais, ayant entendu parler de la ressemblance de ce château avec le sien, vint, il y a dix ans, d'Angleterre en Westphalie pour le voir, et retourna tout de suite dans sa patrie, charmé de s'être convaincu de ce rapport singulier. Ce trait me rappelle cet autre Anglais qui vint en poste voir le nouveau quai à Pétersbourg, et remonta en voiture pour s'en retourner immédiatement après l'avoir vu.

On ne peut rien voir de plus solitaire que l'abbaye de Bœdeken, enfoncée dans un bois épais, à une demi-lieue du château de Wewelsbourg. De vieux chênes en recouvrent presque entièrement les bâtimens; ils ne laissent pénétrer qu'un jour sombre dans les cellules : telles ont dû être les demeures des austères cénobites dans les premiers temps de la chrétienté; choisir une pareille demeure, c'est, dans le véritable sens de l'expression, renoncer au monde et à ses

(1) Les *Hunes*, dont il reste tant de traditions dans la Westphalie, étoient un peuple très-différent des fameux *Huns* venus d'Asie. *Voyez* le *Bulletin* de ce Cahier. (*N. du R.*)

vains plaisirs. Cependant la paix et la tranquillité n'ont pas toujours habité ces lieux isolés, et c'est peut-être la faute du fondateur Saint-Ménolphe, qui étoit sans doute un grand saint, mais un très-mauvais politique; car il chargea, dit-on, six guerriers de veiller à la sûreté du petit troupeau de religieuses qu'il établit dans ce monastère, et leur assigna, pour leur peine, des biens situés autour du couvent : mais le saint n'avoit pas réfléchi qu'il n'est pas très-prudent de confier la surveillance des vierges à des enfans de Mars; et l'on sent bien, sans que je le dise, que les nouveaux Argus s'acquittèrent si bien ou si mal de leur charge, qu'à la fin les bonnes religieuses, tourmentées de toutes manières, cédèrent le couvent et toutes ses dépendances à l'évêque de Paderborn, qui y établit des moines. Voilà du moins ce que raconte une vieille chronique au sujet de cette abbaye, que les Prussiens, durant le peu de temps qu'ils ont possédé ce pays, ont sécularisée et changée en une grande ferme, comme ils en ont agi pour toutes les abbayes situées dans les pays qui leur sont échus à titre d'indemnités. Il y a des gens qui se réjouissent de ces changemens, et les regardent comme un des plus heureux fruits du progrès des lumières de notre siècle; mais il n'en est rien. Les terres qu'avoient ces abbayes ne seront pas mieux administrées sous des régisseurs de domaines , qu'elles ne l'étoient sous les moines. Les pauvres du canton sont privés des grandes ressources qu'ils trouvoient autrefois dans ces maisons, et les voyageurs indigens n'y sont plus accueillis, comme auparavant, avec une douce hospitalité. Les ouvriers de tout état, en Allemagne, vont fort loin chercher de l'ouvrage et se perfectionner dans les grandes villes : la cloche d'un couvent étoit pour eux , le soir, le signal du repos ; ils se présentoient et étoient sûrs d'y trouver un bon repas, et un gîte pour la nuit. C'est ainsi qu'ils faisoient souvent plus de cent lieues sans avoir besoin de toucher à leur petite bourse ; mais actuellement il faut des fonds pour se mettre en voyage ; et tel dont le génie auroit été éveillé et apprécié dans une grande ville, meurt indigent et inconnu dans son village, faute de moyens pour entreprendre des voyages suffisans. Ce n'est qu'un des moindres inconvéniens résultant de la suppression des couvens, qui n'étoient certainement pas si inutiles que des gens superficiels se l'imaginent : il en est d'autres plus graves ; mais ce n'est pas ici le lieu de les dévelop-per : ainsi je me tais sur cette matière , et je continue mon récit.

Ce fut à la chute du jour que j'arrivai dans la plaine de *Sintfeld*, , remarquable par une victoire qu'y remporta Charlemagne en 794 sur les Saxons : la vue d'un champ de bataille excite toujours des sensations singulières ; mais le soir elle les éveille d'une manière beaucoup plus forte. On compare, en soi-même, cette immobilité permanente de la nature avec le mouvement passager des hommes , qui se sont montrés un moment sur la scène et en ont disparu à jamais ; on voit un tableau dont il ne reste plus que les accessoires, et ces accessoires ont été plus durables que les personnages. La victoire de Sintfeld fut cependant la moins sanglante de toutes celles que remporta Charlemagne sur les malheureux habitans de cette contrée. Rassemblés dans la plaine de Sintfeld , ils l'y attendoient pour lui livrer bataille ; mais son arrivée les intimida au point qu'ils se rendirent à discrétion. Charlemagne usa de sa politique ordinaire, c'est-à-dire qu'il leur pardonna, et transplanta une grande partie de la nation dans des pays très - éloignés, comme en Dacie , Pannonie , etc. Il imitoit en cela les Romains qui souvent usèrent de ce moyen-là ; Tibère, entr'autres, envoya à la fois 40 mille prisonniers germains dans la Gaule pour s'y établir (1).

La ville de *Stadtberg* n'est qu'à quelques lieues de la plaine de Sintfeld. Cette ville , située sur une montagne au bord de la Diemel , portoit

(1) Entrope , liv. 7 , fait monter le nombre de ces émigrans à 400,000 ; mais ce nombre ne peut être qu'une erreur de quelque copiste.

autrefois le nom de *Mons Martis* ou *Eresbourg,* et étoit fameuse, du temps des Saxons païens, par un temple magnifique, le plus beau et le plus riche de toute la Saxonie, et par une ancienne et fameuse idole de cette nation, la statue d'Irminsul que d'autres appellent *Hermesaul*, *Armensul*, *Erminsul* (1)...... Cette différence dans les dénominations de ce monument, en a produit une autre dans l'opinion des savans sur la divinité qu'il représentoit. Les uns ont cru que c'étoit Mercure, les autres que c'étoit Mars. Les uns ont voulu que le mot d'*Irminsul* signifiât *colonne universelle*, ou *asile public;* d'autres ont pensé qu'il a été érigée en l'honneur du brave Hermann, chef des Chérusques. Il est difficile de prononcer sur un objet qui présente tant de vague, et sur lequel on n'a que des données incertaines. Si cependant j'avois à choisir parmi ces opinions, j'adopterois celle qui croit y reconnoître une statue du dieu de la guerre : le nom de la montagne, l'usage de plusieurs peuples de la Germanie d'adorer le dieu de la guerre comme le premier de tous (2), les attributs enfin de ce simulacre, viennent à son appui, et lui donnent un haut degré de probabilité.

D'après Crantz, auteur d'une Description his-

(1) *Voyez* Meibomius *de Irminsulá Saxonicá.*

(2) Tacite histor. lib. 4, et Sueton. Tiber. c. 9.

torique de la Saxonie, la statue d'Irminsul représentoit un homme armé de pied en cap,
debout dans un champ parsemé de fleurs, te-
nant d'une main une rose, et de l'autre une
balance, et portant sur la poitrine un ours, et
sur son bouclier un lion. J'avoue que je ne puis
croire que la rose ait fait partie des attributs du
dieu de la guerre, quoique Crantz trouve que
c'est un emblême très-expressif du sort des guerriers ; mais, dans ces sortes de matières, il y a
toujours plus de doute que de certitude, et tout
ce qu'on peut dire là-dessus n'est jamais que
conjecture. Il est fâcheux qu'un zèle excessif ait
entraîné Charlemagne, dans le cours de ses
conquêtes, à détruire entièrement tous les monumens religieux des Saxons, ce qui ne l'em-
pêcha pas de s'emparer d'abord de tous les tré-
sors et ornemens qu'il y trouvoit ; c'est du moins
ce qu'il fit pour le temple d'Irminsul ; après cela
il ordonna à son armée de le renverser de fond en
comble. Les historiens disent que, pendant les
trois jours qu'il fallut employer à cet ouvrage,
son armée manqua d'eau, qu'il en sortit tout-à-
coup de la terre, et qu'il en coula une quantité suffisante pour ces trois jours. Si les historiens avoient été meilleurs géographes, ils se seroient épargné la peine d'inventer un miracle
tout exprès ; car ils auroient dû savoir que
la Diemel, qui coule au bas de la montagne

de Stadtberg , fournit, dans tous les temps, assez d'eau pour une armée, quelque grande qu'elle soit; mais l'ignorance et la superstition vont toujours ensemble. Charlemagne ne se contenta pas de détruire le temple païen de Stadtberg; il fit construire, sur le même emplacement, une église, dont la dédicace fut faite, en 799, par le pape Léon III qui, comme je l'ai dit plus haut, vint trouver l'empereur à Paderborn. Dans la bulle que le pape publia à cette occasion, il prononça anathême contre quiconque oseroit porter une main hostile sur ce temple et sur les biens qui y furent affectés ; malgré cette menace, les Hessois se rendirent maîtres de Stadtberg en 1646 , firent sauter l'église, et s'emparèrent de tous les biens qu'ils purent trouver. La montagne sur laquelle est située cette ville , forme la fin de la chaîne de Teutobourg , et s'élève considérablement au-dessus des autres , dont la plupart, encore couvertes de sombres forêts, offrent cet aspect sauvage que présentoit toute la Germanie dans les temps anciens. « On y éprouve cette mélancolie que devoient avoir, comme dit Thomas (1) en parlant de la poésie ancienne, des hommes qui menoient souvent une vie solitaire et errante , et qui, ayant une ame plus susceptible de sentiment que d'analyse, conversoient avec la nature aux bords des lacs, sur les mers et dans les bois ,

(1) Essai sur les Eloges , chap. III.

attachant des idées superstitieuses aux tempêtes
et aux bruits des vents ; trouvant tout inculte , et
ne polissant rien ; peu attachés à la vie , bravant
la mort ; occupés des siècles qui s'étoient écoulés
avant eux , et croyant voir sans cesse les images de
leurs ancêtres , ou dans les nuages qu'ils contem-
ploient , ou dans les pierres grises qui , au milieu
des bruyères , marquoient des tombeaux , et sur
lesquelles le chasseur fatigué se reposoit souvent ». Les bords de la Diemel sont cependant
agréables et assez fertiles : des croix de pierre ,
érigées de toute part , annoncent autant d'acci-
dens arrivés à de malheureux voyageurs qui ont
été entraînés par les eaux débordées de la rivière.
Ces pieux monumens contribuent à augmenter
les sensations pénibles dont on se sent oppressé
à la vue de ces contrées presque désertes , où
l'on ne rencontre , de distance en distance , que
de misérables villages , des ruines de vieux châ-
teaux , des moulins , ou la cabane de quelque
pauvre bûcheron. Rarement la flèche d'un clocher gothique s'élève au milieu d'une forêt
épaisse , et annonce la demeure des pieux solitaires. Mais que dis-je? Les solitaires ont été
forcés d'abandonner leur demeure ; bientôt leurs
monastères ressembleront à ces débris du temps
de la féodalité, dispersés sur les cimes des montagnes. Il faudroit ici le pinceau de Châteaubriant
pour rendre les sentimens que font naître tant

de souvenirs dans l'ame émue du voyageur.

Des bords de la Diemel, je retournai à Paderborn pour continuer mon voyage dans les autres parties de la Westphalie : à cet effet, je dirigeai ma course vers la rivière de l'Ems qui traverse, comme on sait, une partie de l'ancien évêché de Munster. Les bords de cette rivière rappellent les derniers événemens de l'histoire des Romains en Germanie. Ils furent habités par les Bructères (1) qui se divisoient en grands et en petits Bructères ; ceux-ci habitoient la rive orientale, et ceux-là la rive occidentale de l'Ems jusqu'à la Lippe. Les Bructères se trouvèrent engagés dans presque toutes les guerres des Germains contre les Romains, étant les alliés les plus intimes des Chérusques. Tacite rapporte que, sous le règne de Nerva, c'est-à-dire sur la fin du premier siècle, les Bructères s'étant attiré la haine des Angrivariens et des Chamaves, furent complètement défaits par eux et privés de leurs terres. Tacite s'est laissé tromper, comme dit Mannert, par une nouvelle de gazette. Les Bructères peuvent avoir eu des guerres avec leurs voisins ; mais ils gardèrent leurs établis-

(1) Strabon les nomme *Boucteroi*, et Ptolomée *Boüsacteroi*, mais à tort, puisque le nom de *Bructères* leur vient, selon l'opinion de l'évêque de Furstenberg, des marais qu'ils habitoient et qui, dans le langage du pays, s'appellent *Bruch*.

semens sur l'Ems (1); car on voit dans Pline qu'ils avoient un roi sous le règne de Trajan, et l'on sait qu'ils faisoient partie des Francs qui vinrent envahir la Gaule; ce n'est que depuis leur défaite par les Saxons, dans le huitième siècle, que leur nom se perd dans les annales de l'histoire.

Germanicus y pénétra, dans son expédition contre les Germains, qui, six ans auparavant, avoient jeté tant de honte sur le nom romain par la défaite de Varus. Aussi, la première chose que fit Germanicus à son arrivée, après avoir fait dévaster tout le pays par un détachement de quatre légions commandées par Cécinna, ce fut de donner une sépulture honorable aux guerriers qui avoient péri dans cette bataille, et dont quelques malheureux restes attestoient encore la destruction. Le récit que fait Tacite des détails de cette triste cérémonie, dans le premier livre des Annales, est touchant, et prouve quelle profonde impression a dû faire le malheur de Varus sur tous les Romains en général.

Le sable constitue la partie principale du sol de cette contrée; c'est un pays entièrement plat et uni : à l'entrée, dans le territoire de Munster, on remarque plus d'activité et plus d'aisance

(1) Tacite se trompe donc aussi en plaçant les Chamaves dans les lieux occupés par les Bructères. Les Chamaves habitoient le pays entre le Weser et le Harz.

dans le peuple. Les maisons des paysans sont toutes bâties sur le même plan, c'est-à-dire qu'elles consistent toutes dans une vaste grange très-haute et sombre, qui occupe, avec le grenier, la moitié du bâtiment, et au bout de laquelle est la cuisine, grande pièce qui leur sert de chambre pour manger, coucher et travailler ; le lit est dans une grande armoire fermée pendant le jour par des portes à coulisse. Auprès du lit conjugal est le berceau de l'enfant, et un peu plus loin, auprès du feu, le fauteuil triangulaire du grand-père, image frappante des trois époques de la vie humaine ! Les pauvres n'ont dans leur demeure d'autres ouvertures que les portes, pour laisser sortir la fumée ; aussi les jambons qu'ils y suspendent pour les vendre ensuite, deviennent excellens par cette fumigation continuelle.

Le jargon du pays est un allemand corrompu, mêlé à un peu d'ancien saxon ; il a comme tous les patois, des termes très-expressifs : ce qu'il y a de singulier, c'est que les deux termes les plus forts, dont les gens se servent pour s'injurier, les mots de *Rakker* et de *Schoubiack* (1), viennent de l'Orient, l'un de l'hébreu, et l'autre du turc. Je laisse aux philologues le soin de dé-

---

(1) Rakker de *Raka*, mot connu par la Bible ; Schoubiack, nom d'une secte méprisée en Turquie. *Voyez* sur ce mot les *Opinions des anciens Philosophes*, par *Diderot*, t. III, art. 5.

cider par quel événement deux termes d'injures orientaux se sont transplantés en Westphalie. Dans les noms des jours de la semaine, ce peuple a conservé les noms des divinités des anciens Germains; le samedi, par exemple, est, dans le patois westphalien, *Saterdag*, jour de Sater; le mercredi, *Wohnsdag* ou *Gunsdag*, jour de Wodan... Comme en danois, le jeudi s'appelle *Torsdag*, c'est-à-dire, jour de *Thur*, ancienne divinité des peuples du Nord. Il y a une petite ville dans le pays de Munster, nommée *Beckum*, où l'on voit encore sur la porte de la ville, une petite statue de ce Thur ou *Thor*.

En entrant dans la petite ville de *Telgte*, à deux lieues de Munster, je fus frappé de la voir toute remplie de paysans habillés tous de la même manière, c'est-à-dire en drap brun, et parlant un langage tout à fait baroque. On m'apprit que c'étoit une procession qui étoit venue, comme de coutume, rendre hommage à la Sainte-Vierge de Telgte, qui est le Lorette du pays, et que cette procession étoit du *pays des Sauvages*. Je ne savois d'abord ce que vouloit dire le terme de *Sauvages*. Je compris enfin, après beaucoup de questions, que l'on appelle ainsi les gens qui habitent le *Saterland*, petit pays qui s'étend dans la partie basse de Munster jusqu'à *Oldenbourg*, et qui est entouré de tous les côtés de marais et de bruyères. Cette circonstance fait que ce peuple se trouvant pour ainsi dire isolé, se distingue des autres habitans de la Westphalie par des mœurs particulières. C'est peut-être un des peuples de la terre qui a le moins besoin des autres, et qui pourroit même s'en passer absolument. Il se nourrit de blé sarrasin, le seul qui vienne bien sur le sol de ce district et dont on fait un mets nourrissant. Sa principale occupation est de faire de la tourbe ; il trouve dans cette matière un moyen de subsistance, du chauffage, et de plus une couleur propre à teindre du drap grossier ; c'est celui dont ils se revêtissent tous, tant hommes que femmes. Les peuples des premiers âges du monde n'ont pu avoir, ce me semble, un genre de vie plus simple, ni des mœurs plus innocentes que les habitans du Saterland. Tous les ans ils viennent en procession à la Sainte-Vierge de Telgte ; et quoique les deux sexes soient mêlés dans cette caravane, il n'arrive cependant jamais le moindre désordre. Chaque homme et chaque femme sont munis d'un pain de sarrasin qu'ils portent dans un sac sur le dos ; avec cela ils boivent pour deux sous de bière, et payent deux autres sous pour coucher dans le foin, et le lendemain ils retournent gais et contens dans leur pays, et racontent pendant toute l'année à leurs enfans, les merveilles qu'ils ont vues dans leur pélerinage. M. Hoche, dans son *Voyage par le pays de Munster,* a fait une description fort intéressante du caractère, des mœurs ainsi que de la langue des Saterlandois. Cet ouvrage mérite d'être lu, lorsqu'on veut avoir une idée précise de ce petit peuple vraiment singulier.

Sur la route de Telgte à Munster, je vis voyager beaucoup de paysans, tous munis d'un havre-sac et d'une faux; ce sont des faucheurs qui, au printemps, s'en vont en Hollande, y fauchent le foin, ramassent, par ce travail, une petite somme d'argent, et reviennent chez eux à la fin de l'été. Ce genre d'industrie est fort commun en Westphalie : de toute part on rencontre de ces gens laborieux qui font lestement le voyage de Hollande, et reviennent encore plus lestement avec leur salaire qui leur sert souvent à faire un établissement, lorsqu'ils économisent bien; ils peuvent rapporter une somme de 50, 60 à 80 florins; et c'est beaucoup pour des gens qui ne sont pas accoutumés à posséder tant d'argent à la fois; aussi arrive-t-il bien souvent qu'ils en font un mauvais usage, et que cet argent devient leur perte, ou que, par un excès opposé et par trop d'avidité, ils ruinent leur santé et ne jouissent point du tout du fruit de leur travail.

J'entrai le lendemain de bonne heure à Munster : cette ville, une des plus grandes de la Westphalie et très-ancienne, est située dans un pays absolument plat; une petite rivière nommée

Aa, la traverse et y répand en été une odeur dé-
sagréable par ses eaux croupissantes. Il est sans
doute dommage que la ville ne soit pas établie
sur une rivière plus considérable, sur l'Ems par
exemple, qui passe à deux lieues de là : la santé
des habitans, le commerce et l'industrie, y ga-
gneroient beaucoup. Les promenades publiques,
le château des ci-devant évêques, avec un vaste
jardin public, contribuent beaucoup à l'ornement de la ville, qui seroit encore plus floris-
sante si les évêques, au lieu de manger dans de
grandes villes les revenus considérables qu'ils ti-
roient de ce pays, avoient voulu travailler à l'a-
mélioration du sort de leurs sujets. Le pays est
échu ensuite à la Prusse, qui ne l'a possédé que
quelques années, c'est-à-dire jusqu'au commencement de la dernière guerre, où il fut occupé
par les Français, et réuni en partie au grand-du-
ché de Berg.

Munster a été plusieurs fois le théâtre d'événemens mémorables, particulièrement du temps
des guerres des Anabaptistes, de la paix de
Westphalie et des guerres de Louis XIV. Le
premier de ces événemens a été le plus funeste
pour les habitans. Un tailleur de Leide, devenu
ensuite comédien, et nommé *Jean Bockels*, parvint à se faire un parti dans la secte des Anabaptistes, se mit à la tête d'une troupe de fanatiques,
pénétra dans la Westphalie ; et s'annonçant partout comme un messager de Dieu, venu pour

réformer la religion et les mœurs, il entra ainsi à Munster où il établit le siége de son empire. Cet homme rusé ayant beaucoup de dispositions pour devenir un autre Mahomet, ne négligea point le temporel pour le spirituel, et ne tarda pas à régner dans ces contrées en vrai despote d'Asie, ayant une cour brillante, grand nombre de femmes et de gardes, et donnant ses ordres par l'organe de ses ministres qui lui obéissoient en esclaves. Pendant ce temps, l'évêque avoit ramassé des troupes et vint assiéger la ville. Jean de Leide la défendit avec le plus grand acharnement, tandis que la famine enlevoit une grande partie des citoyens et décourageoit les autres. Enfin la ville fut prise d'assaut; mais les Anabaptistes se retranchèrent derrière une rangée de chariots, et ne se rendirent qu'à la dernière extrémité. Jean de Leide et deux de ses principaux ministres furent mis à mort (en 1535), dans les tourmens les plus cruels, et leurs restes furent enfermés dans des cages de fer suspendues au haut d'un clocher où on les voit encore. Je ne sais ce qu'un homme aussi entreprenant, aussi intrépide que Jean de Leide, auroit pu devenir s'il n'avoit pas été arrêté dès l'entrée de sa carrière, pour le grand bonheur du pays qui gémissoit sous la tyrannie de cet homme cruel et féroce (1). On montre encore, dans une maison

(1) Le Musée Napoléon possède parmi les fruits des der-

particulière, à Munster, un lit énorme, dans lequel Jean de Leide couchoit, dit-on, avec sept femmes à la fois. On célèbre tous les ans une grande fête dans la cathédrale, pour l'anniversaire du jour où la ville a été rendue au pouvoir du seigneur légitime.

C'est aussi dans cette ville que fut conclue et signée la paix de Westphalie, en 1648, par les ambassadeurs catholiques, dont on voit encore les portraits à l'hôtel-de-ville. Un chanoine de Paris, nommé Joly, qui alors vint à Munster à la suite du duc de Longueville, plénipotentiaire de France, donna des détails fort curieux sur ce traité de paix dans la relation de son voyage, publiée en 1670.

Il est assez étonnant que Louis XIV ait rencontré, dans un évêque de ce pays, un homme assez hardi pour attaquer seul les Hollandais, que le roi vouloit secourir d'abord. Cet évêque se nommoit *Bernard de Galen :* c'étoit, comme le remarque Voltaire dans son Essai sur les Mœurs, un homme singulier que l'histoire ne doit pas négliger de faire connoître ; mais la manière dont cet écrivain en parle n'est pas digne d'un

nières conquêtes en Allemagne, un excellent tableau peint par Floris, représentant le portrait de ce monstre. On ne le peut regarder sans être frappé de la brutale férocité exprimée dans ses traits, tandis que le portrait de sa femme, qui en fait le pendant, semble représenter la douceur même.

historien, et prouve que Voltaire travailloit quelquefois sur des libelles, et non sur des mémoires authentiques. Voici les termes injurieux dont il se sert pour le caractériser. « Fils d'un meurtrier, et né dans la prison où son père fut enfermé 14 ans, il étoit parvenu à l'évêché de Munster par des intrigues secondées de la fortune. A peine élu évêque, il avoit voulu dépouiller la ville de ses priviléges : elle résista ; il l'assiégea, mit à feu et à sang le pays qui l'avoit choisi pour son pasteur, et traita de même son abbaye de Corbie. On le regardoit comme un brigand à gages, qui tantôt recevoit de l'argent des Hollandais pour faire la guerre à ses voisins, tantôt en recevoit de la France contre la république ». Tous ces détails, totalement faux, ont été puisés dans un libelle diffamatoire publié à Amsterdam quelque temps après la mort de cet évêque ; mais est-ce dans ces sortes d'écrits qu'un bon historien doit puiser ? et s'il le fait, ne risque-t-il pas d'être mis dans la même classe que les misérables écrivains de ces libelles ? Si Voltaire avoit connu l'histoire de cet évêque, écrite par son biographe Jean d'Alpen, en assez bon latin (1), il auroit eu garde peut-être de calomnier la mémoire d'un homme issu d'une famille noble de ce pays, et dont le courage, l'éner-

(1) De vita et rebus gestis Christophori Bernardi, episcopi et principis Monasteriensis Decas, a Joanne ab Alpen conscripta. Coesfeldiæ, 1694, 2 vol. in-12.

gie et les talens militaires méritent autant d'éloges
que ceux des grands généraux. C'étoit un évêque,
il est vrai ; mais n'étoit-il pas aussi prince, et,
dans cette qualité, n'avoit-il pas le droit de défendre son pays contre les agressions d'un voisin
puissant, soutenu par une puissance plus grande
encore? Il faut convenir que son esprit guerrier
l'a entraîné quelquefois au-delà des bornes de la
modération, et lui a fait commettre des actions
qu'on ne peut justifier que par le malheureux
droit de la guerre : son biographe les passe sous
silence, et en cela il mérite également d'être
blâmé; mais du moins il ne propage point des
mensonges comme Voltaire, et mérite, sous ce
rapport, infiniment plus de croyance et d'estime.

La ville de Munster a servi d'asile à un grand
nombre d'exilés pendant la révolution française :
ces malheureux expatriés y trouvoient un accueil
charitable, tandis que quelques princes protestans
leur refusoient inhumainement l'entrée dans leurs
états ; ils attendoient patiemment, dans cette terre
étrangère, la fin des troubles qui bouleversoient
leur patrie; mais plusieurs d'entre eux moururent
auparavant dans le chagrin et l'obscurité. Le car-
dinal de La Rochefoucauld et le maréchal de
Broglie y sont enterrés, l'un dans une chapelle
de la cathédrale, et l'autre dans l'église de Saint-
Lambert. Ce dernier, qui autrefois à la tête des
armées françaises avoit fait craindre son nom

chez l'étranger, se vit contraint dans sa vieillesse de s'expatrier, et d'errer de pays en pays. La ville de Francfort, qui n'avoit point oublié la générosité avec laquelle il l'avoit préservée autrefois du pillage, lui offrit, dit-on, une pension considérable; mais il la refusa par délicatesse, et aima mieux se contenter des débris de sa fortune; il se retira donc tranquillement à Munster. La vieillesse et le chagrin l'avoient privé de la vue. Son plus grand plaisir, dans les dernières années de sa vie, étoit de se promener, conduit par un ami, dans le jardin du couvent des Frères Mineurs de cette ville. La religion et une bonne conscience soutinrent son courage aux approches de la mort, et il auroit pu se faire mettre cette épitaphe d'un illustre ancien : *Ingrata patria ne ossa quidem mea habet.*

Les bruyères sont fréquentes dans les environs de Munster, et en occupent une grande partie; ce qui empêche que ce pays ne soit aussi peuplé qu'il pourroit l'être. Du côté de la Frise, on fait beaucoup de tourbe, et le terrain y est un peu marécageux; il faut même connoître les chemins pratiqués, si on ne veut pas risquer de s'égarer et s'enfoncer peut-être dans le sol souvent tremblant et creux en-dessous. De ce côté, on trouve fréquemment des tombeaux anciens recouverts de grosses pierres, et contenant des urnes funéraires avec des armes ou des médailles. On voit aussi, auprès de la ville de Meppen, les traces d'un camp de Wittekind, dont cet endroit a conservé le nom.

De Munster à la ville d'Osnabruck, il n'y a qu'une distance de douze lieues. M. Deluc a donné de justes éloges aux environs et à l'intérieur de cette capitale de l'ancien évêché du même nom. Je ne m'attacherai point à la décrire, mais je me contenterai de consigner ici quelques observations générales que j'ai eu lieu de faire sur la nature du sol de ce pays. Il n'est pas au niveau de celui des autres contrées, et fait le passage des montagnes de Teutobourg, au terrain plus bas de la Hollande ; aussi y a-t-il de ce côté beaucoup de tourbe, parce que c'est là que se rassemble toute la lessive minérale du pays. Les charbons de terre sont fréquens en quelques endroits, et d'une bonne qualité dans les montagnes aux environs d'Osnabruck ; on trouve aussi diverses espèces de marbre et des cristaux, dont les plus grands ont 2 à 3 lignes et jusqu'à un demi-pouce de diamètre : on en fait une poudre très-propre à polir les glaces (1). Auprès de la ville de *Laer*, il y a un banc de pierre calcaire composé de pétrifications de mousse, d'herbe et de roseaux, dont les tuyaux sont très-épais, et couchés ordinairement l'un

(1) *Voyez* le « Westphælisches Magazin » par P. Weddigen, Cah. IV.

sur l'autre, au nombre de 20 à 30. Cette pierre étant frappée rend un son semblable à celui du métal; employée dans la construction des murs, elle les rend extrêmement solides. Les montagnes et les carrières sont remplies de nombreuses productions marines, et ont fourni des morceaux précieux aux cabinets des particuliers de ce pays.

Aux environs d'Osnabruck, la terre se trouve minée par de vastes souterrains qui s'étendent à une distance indéterminée; des gens curieux ont employé des journées entières à les parcourir sans en avoir découvert la fin : ces souterrains ont sans doute occasionné le phénomène qui eut lieu en 1782, et faillit être funeste pour tout ce pays : voici le fait. Une femme allant au village de Venne, à une lieue et demie d'Osnabruck, entendit sous ses pieds un bruit épouvantable venant de l'intérieur de la terre, semblable à celui d'un violent ouragan. Immédiatement après, elle vit la terre s'ouvrir au milieu de la route, de la grandeur de l'ouverture d'un puits. Effrayée de ce phénomène, et presque étourdie du bruit souterrain qui se faisoit entendre de plus fort en plus fort, cette femme se réfugie dans une maison isolée, à 300 pas de la route. Pendant ce temps, l'ouverture s'agrandit de plus en plus; les jours suivans, il se forma enfin un abîme de 150 à 200 pieds de profondeur, et de plus de 200 pieds de circuit. Il est à craindre que les bords de cet abîme, qui vont en pente, ne cèdent un jour et ne s'enfoncent avec tout le terrain environnant.

Entre Osnabruck et Ostercappeln, on voit une curiosité qui paroît être l'ouvrage des hommes : c'est une pierre appelée *sonnenstein*, pierre du soleil, parce qu'elle semble avoir été élevée à l'honneur du soleil, que les anciens Germains révéroient sous le nom de *Sunn*. Cette pierre a 16 à 20 pieds de hauteur, 9 pieds de largeur, et 4 à 5 pieds d'épaisseur. On en trouve une semblable dans un bois, à 3 quarts de lieue d'Osnabruck, qui est en outre remarquable par sa nature, n'étant qu'un assemblage d'une quantité innombrable de petites pierres ressemblant à des lentilles, à des pois et autres légumes. On trouve dans les carrières de ce pays des bancs considérables de cette sorte de pierre.

Ici se termine le journal de mon voyage ; ce que j'ai à ajouter sur le caractère et les mœurs des habitans de la contrée que je viens de parcourir, se réduit à peu de mots. Très-attaché aux anciens usages, ce peuple paroît avoir pour maxime d'agir en tout *comme faisoient nos pères ;* aussi tout ce qui est nouveau ne trouve pas chez lui une entrée facile, quand même l'avantage en seroit évident. Il est fidèle à son souverain, et travaille avec constance, quoiqu'avec un peu de lenteur. Ce pays a produit quelques hommes célèbres, parmi lesquels je ne nommerai qu'Aldegrever, célèbre graveur, dont le cabinet d'estampes de la Bibliothèque impériale à Paris possède quelques bons ouvrages (1). Je ne dois pas passer sous silence une opinion assez curieuse qu'un auteur très-spirituel de ce pays a tâché de justifier dans une brochure publiée il y a vingt ans : c'est que ceux qui ont crucifié Jésus-Christ étoient des Westphaliens. Il résulte de cette plaisante dissertation, que la cohorte du *vice-roi* de Jérusalem étoit alors composée de Westphaliens, comme Auguste même avoit une garde de Germains, et que les soldats de cette cohorte furent employés à l'exécution du supplice du fondateur de notre religion; mais qu'est-ce qu'on ne peut prouver avec de l'esprit et un peu de savoir?

(1) Entre autres le portrait d'un duc de Clèves, et une Rhée-Silvie, exécutée avec beaucoup de soin et de délicatesse.

9 782019 316754